I0796695

# FAITS POUR SURVIVE

Alan Walker

## TABLE DES MATIÈRES



Un livre de la collection
Les jeunes plantes de Crabtree

CRABTREE
Publishing Company
www.crabtreebooks.com

# Les serpents qui serrent

Il existe plus de 3 000 types de serpents dans le monde. Certains de ces serpents sont des **constricteurs**.

On trouve au moins un type de serpent sur chaque continent, sauf en Antarctique.

Les constricteurs, comme tous les serpents, sont des **reptiles**.

anaconda vert

Certains constricteurs atteindront une longueur de plus de 20 pieds (6 mètres)!

python royal

Les serpents constricteurs ont des muscles puissants.

boa constricteur

Ils se servent de leurs muscles pour serrer leur **proie** jusqu'à ce qu'elle meure.

couleuvre des blés

Les constricteurs serrent si fort que le sang de leur proie ne peut plus circuler jusqu'à leur cœur et leur cerveau.

Quand la proie est morte, le serpent l'avale en entier.

Découvrons différents types de constricteurs...

## L’anaconda vert

L’anaconda vert est le plus gros serpent au monde.

Les anacondas verts sont de bons nageurs.

**FAITS SUR L'ANACONDA VERT**
**Région** : Amérique du Sud
**Habitat** : Marécages, rivières
**Longueur** : 20 à 30 pieds (6 à 9 mètres)
**Poids** : Jusqu'à 550 livres (250 kilos)

**FAITS SUR LE PYTHON VERT**
**Région** : Australie et Nouvelle-Guinée
**Habitat** : Arbres de la forêt tropicale
**Longueur** : 5 à 7 pieds (1,6 à 2,1 mètres)
**Poids** : Jusqu'à 3,5 livres (1,6 kilo)

## Le python vert

Le python vert semble effrayant, mais il ne s'attaque pas aux gens.

Le python vert est souvent confondu avec le boa émeraude.

**FAITS SUR LE BOA CONSTRICTEUR**
**Région** : Partout dans les Amériques
**Habitat** : Diversifié et près de l'eau
**Longueur** : Jusqu'à 13 pieds (4 mètres)
**Poids** : Jusqu'à 100 livres (45 kilos)

## Le boa constricteur

Les gros boas constricteurs peuvent manger de gros animaux, comme les cerfs. Ils peuvent aussi vivre jusqu'à 40 ans.

## Le python birman

Le python birman est aussi l'un des plus gros serpents sur la Terre.

python birman albinos

**FAITS SUR LE PYTHON BIRMAN**
**Région** : Asie du Sud, sud de la Floride, É.-U.
**Habitat** : Diversifié, tropical, près de l'eau
**Longueur** : 16 à 23 pieds (4,9 à 7 mètres)
**Poids** : Jusqu'à 200 livres (91 kilos)

python royal

# Le python royal

Le python royal est l'un des plus petits serpents de type python. Il est un bon animal de compagnie.

**FAITS SUR LE PYTHON ROYAL**

**Région** : Certaines parties de l'Afrique et des Amériques

**Habitat** : Savanes et terres agricoles

**Longueur** : 4 à 6 pieds (1,2 à 1,8 mètre)

**Poids** : Jusqu'à 5 livres (2,3 kilos)

**muscles** – se resserent pour aider le serpent à bouger

**peau écaillée** – offre une bonne prise sur les surfaces, comme le pneu d'une voiture sur la route

# GROS PLAN SUR LES SERPENTS

**squelette** – une longue colonne vertébrale et des centaines de côtes rendent le serpent très souple

**Langue fourchue** – sert à sentir l'air

**organe de Jacobson** – aide les serpents à sentir la chaleur de leurs proies

Les serpents constricteurs jouent un rôle important dans notre **écosystème.** Ils mangent les rongeurs et d'autres petits animaux. Cela assure le contrôle des populations de petits animaux.

python vert

## GLOSSAIRE

**constricteurs** (conss-trik-teur) : Des serpents qui tuent en s'enroulant autour de leur proie et en les serrant jusqu'à ce qu'elle meure

**écosystème** (é-ko-sis-tèm) : Une communauté de plantes et d'animaux qui interagissent entre eux et avec l'environnement

**proie** (proa) : Un animal qui est chassé et mangé par un autre animal

**reptiles** (rep-til) : Animaux à sang froid qui sont couverts d'écailles. La plupart des reptiles pondent des œufs.

## INDICE

## Soutien de l'école à la maison pour les parents, les gardiens et les enseignants

Ce livre aide les enfants à se développer grâce à la pratique de la lecture. Voici quelques exemples de questions pour aider le lecteur ou la lectrice à développer ses capacités de compréhension. Les suggestions de réponses sont indiquées en rouge.

### Avant la lecture

- **De quoi ce livre parle-t-il?** *Je pense que ce livre parle des serpents qui serrent leur proie jusqu'à ce qu'elle meure. Je pense que ce livre parle des serpents verts mortels.*
- **Qu'est-ce que je veux apprendre sur ce sujet?** *Je veux savoir où vivent les serpents constricteurs. Je veux apprendre quoi faire si je vois un serpent.*

### Pendant la lecture

- **Je me demande pourquoi...** *Je me demande pourquoi les constricteurs avalent leurs proies en entier. Je me demande pourquoi les anacondas verts peuvent nager.*
- **Qu'est-ce que j'ai appris jusqu'à présent?** *J'ai appris que les anacondas verts peuvent atteindre une longueur de 30 pieds (9 mètres). J'ai appris que les serpents utilisent leur langue pour sentir l'air.*

### Après la lecture

- **Nomme quelques détails que tu as retenus.** *J'ai appris que les serpents ont un organe dans leur visage qui sent la chaleur de leurs proies. J'ai appris que le python royal est un bon animal de compagnie.*
- **Lis le livre à nouveau et cherche les mots du glossaire.** *Je vois le mot **constricteurs** à la page 2 et le mot **proie** à la page 8. Les autres mots du glossaire se trouvent à la page 23.*

Crabtree Publishing Company
www.crabtreebooks.com 1–800–387–7650

Version imprimée du livre produite conjointement avec Blue Door Education en 2022.



RÉFÉRENCES PHOTOGRAPHIQUES : Couverure © istock.com/dene398. P. 2-3 : istock.com | looderoo. P. 4-5 : istock.com | GlobalP, shutterstock.com | Benny Marty. P. 6-7 : istock.com | sergeyryzhov, shutterstock.com | huang jenhung. P. 8-9 : Kostantin Penner | Dreamstime.com./. P. 10-11 : shutterstock.com | Vladimir Wrangel, shutterstock.com | AJR_photo. P. 12-13 : shutterstock.com | fotandy, istock.com | tane-mahuta. P. 14-15 : shutterstock.com | Eric Isselee, istock.com | tane-mahuta. p. 16-17 : istock.com | Utopia_88, Duncan Noakes | Dreamstime.com. P. 18-19 : Sergey Novikov | Dreamstime.com, istock. com | y-studio. P. 20-21 : istock.com | reptiles4all, istock.com | undefined undefined. P. 22-23 : istock.com | rommma.
istock.com, shutterstock.com, dreamstime.com

Imprimé au Canada/072021/CPC

**Auteur** : Alan Walker
**Coordinatrice à la production et technicienne au prepress** : Samara Parent
**Coordinatrice à l'impression** : Katherine Berti
**Traduction** : Annie Evearts

**Publié au Canada par Crabtree Publishing**
616 Welland Ave.
St. Catharines, ON
L2M 5V6

**Publié aux États-Unis par Crabtree Publishing**
347 Fifth Ave
Suite 1402-145
New York, NY 10016

**Catalogage avant publication de Bibliothèque et Archives Canada**

Available at the Library and Archives Canada